AF586005

LETTRE D'VN ECCLESIASTIQVE A VN DE SES AMIS,

Contenant quelques Reflexions sur le Libelle intitulé, Requeste presentée au Roy par Messieurs de la Religion pretenduë Reformée, *publiée dans Paris.* Iouxte la Copie imprimée à Saint Omer.

A BRUXELLES,

Chez FRANÇOIS FOPPENS, devant les Jesuites.

M. DC. LXXX.

LETTRE D'VN ECCLESIASTIQVE *à vn de ses amis, contenant quelques reflexions sur le libelle intitulé* Requeste presentée au Roy par Messieurs de la Religion Pretenduë Reformée, publiée dans Paris. Iouxte la Copie imprimée à S. Omer.

MONSIEVR,

Ie vous avoüe que si je fus surpris d'entendre crier, il y a quelques jours, dans les rües de Paris, vne Requeste de plaintes qu'on pretend avoir été presentée au Roy par Messieurs de la Religon Pretenduë Reformée; Je le fus encor plus lors que je trouvé qu'ils la commencent en representant à Sa Majesté, *Qu'on les accable de maux coup sur coup*, & qu'ils adjoutent à la fin *Qu'il ne se peut rien adjouter à la consternation generale où sont tous ceux de ladite Religion dans tous les endroits du Royaume, que plusieurs en sont déja sortis par crainte ou par necessité, pour chercher leur repos dans les païs estrangers, & que le plus grand nombre ne sont retenus que par l'amour qu'ils ont pour Sa Majesté, & les autres par la difficulté qu'ils ont de quiter leuts bins & les païs de leur naissance*; & qu'enfin *ils n'attendent tous apres Dieu, de seureté ni de repos que de la Iustice & clemence de Sa Majesté.* Car ne semble t'il pas en lisant ces grands mots & ces expressions si touchantes, que ce sont des Israëlites qui gemissent encor sous la Tiranie des Egiptiens? ou qu'ils sont dans le même estat que leurs peres *qu'on faisoit brûler, noyer, pendre & massaerer dans le commancement* de leur pretendue reforme, comme ils l'exposerent dans vne pareille Requeste de plaintes qu'ils presenterent à Henry le Grand au commencement de l'annèe 1597. & qui étoient obligez de faire leurs assemblées pendant la nuit dans des caves & dans les lieux escartez, pour éviter l'extréme rigueur des Edits, qui non-seulement les condemnoient au feu, mais ordonnoient même de démolir les maisons où ces assemblées auroient esté faites, sans esperance de les pouvoir jamais rebâtir.

Edit de François II donné à Villerscotres le 4. Octobre 1559.

En

En effet, qui pourra se persuader en lisant ces grandes exagerations, que nos Prisons & nos Conciergeries ne soient pas encor remplies de ceux de cette Religion, comme elles l'étoient du tems de François I. d'Henry II & de François II. & meme de leur successeur? croira t'on aisement dans les païs estrangers qu'on laisse vivre ces Messieurs dans leurs maisons & dans la possession de leurs biens indifferement comme les Catholiques, sans aucun trouble ni distinction de Religion? se persuadera t'on qu'on les laisse joüir de l'exercice public de leur Religion dans tous les lieux où il est permis par les Edits; & que par vne grace speciale on leur soufre cet exercice dans vn Temple magnifique à l'extremité des fauxbourgs de Paris, quoy qu'aux termes de l'article 14. de l'Edit de Nantes ils ne puissent l'avoir qu'à cinq lieües?

Encor vne fois, ne se persuadera t'on pas qu'on les traite en France du moins avec autant de rigueur que ceux de leur Religion traitent les Catholiques en Angleterre, dans la Hollande, à Geneve, & dans tous les lieux où ils sont les maistres, ne leur donnant de liberté que celle que les tirans n'ont pû oster aux premiers Chrestiens; les faisant mourir cruelement sous le pretexte d'vne pretenduë Conspiration; obligeant les autres d'abandonner leurs biens & leur patrie, pour aller chercher leur seureté dans vn autre païs, & ceux qui restent cachez pour éviter leur fureur, de celebrer les divins misteres, dans les caves & dans les cavernes; où nos Prêtres & nos Religieux sont obligez de se travestir pour éviter d'estre massacrez; ce qui est vne peinture des plus grandes persecutions que l'Eglise ait soufertes dans sa naissance.

J'avoüe que si par vn droit de represailles on traitoit ces Messieurs en France de la maniere que leurs freres nous traitent dans ces autres païs, en ce cas nous n'aurions rien à nous reprocher; mais leur fait-on quelque chose de semblable? les oblige t'on de faire comme autre fois, leurs exercices pendant la nuit furtivement, dans des lieux cachez? met-on sur eux des impositions & des subsides que les Catholiques ne portent pas aussi bien qu'eux? les fait-on mourir sous de faux pretextes? les chasse t'on de leurs biens & de leurs maisons? qu'on nous cite vne seule famille à qui on ait fait quelque violence, & qui par crainte ait quité le Royaume: l'on ne trouvera sans doute que des banqueroutiers, des relaps & des apostats à qui la crainte ait fait quiter le païs de leur

leur naissance pour éviter de tomber entre les mains de la Iustice.

Qui ne voit donc que ces pretendus *maux* dont ils disent *qu'on les accable coup sur coup*, sont vn effet de leur adresse, pour décrier le regne & la conduite du plus doux & du plus juste de tous les Roys.

Apres cette reflexion generale vous voulez bien M. que j'en fasse quelques particulieres sur les principaux chefs dont ils se plaignent, & c'est ce que je fairay le plus succintement qu'il me sera possible.

Ils commencent leurs plaintes en disant que conformement aux Edits accordez par Henry le Grand & Louis le Iuste, confirmez par Sa Majesté, ils étoient cy-devant, *non seulement receus aux emplois, &c. mais encor aux honneurs & aux charges, qui sont la marque & la recompense du merite; qu'ils avoient des Chambres mi-parties, & que les Gentilshommes étoient en droit & en possession de commettre des Officiers de leur Religion dans leurs fiefs; & qu'ils peuvent dire qu'ils ont toûjours vescu sous la Loy de ces concessions* & méme *qu'ils n'ont pas eu le malheur de s'en rendre indignes.*

A vous dire le vray, M. je n'aurois pas crû qu'ils eussent osé toucher vne matiere si delicate, & je crois méme que la prudence ne vouloit pas qu'on nous mit dans la necessité de rapeller icy le tems passé. Car qu'on leur ait accordé ces privileges, *ces charges & ces honneurs* comme *la marque & la recompense du merite*, il ne faut que consulter l'Histoire des Troubles pour être convaincu du contraire: l'on trouvera qu'on ne leur a accordé ces Edits & ces privileges que parce qu'on n'a pû autrement pacifier les Troubles qu'ils avoient causé dans le Royaume, & pour en estre pleinement persuadé sans beaucoup de peine, on n'a qu'à faire la lecture des prefaces des Edits de Pacification, où l'on trouvera que bien loin qu'on leur ait accordé tous ces avantages, comme *la marque & la recompense de leur merite* & de leur fidelité, ce n'a esté que pour les obliger a poser les armes qu'ils avoient prises contre leur Souverain, & renvoyer les estrangers qu'ils avoient fait venir, afin d'obtenir par la force des armes ce qu'ils n'auroient jamais obtenu autrement.

Ces Messieurs n'ont pas mieux rencontré lors qu'ils ont adjouté, *qu'ils n'ont jamais eu le malheur de se rendre indignes de ces concessions*, car s'il m'estoit permis de rapeler icy ce qui s'est passé sous

ſous le regne de Louis XIII. de triomphante memoire, on auroit bien de la peine d'en être perſuadé. On peut voir dans les Edits qu'il a donné ſur ce ſujet, ju qu'à quel point la deſobeiſſance de ces Meſſieurs avoit reduit ce grand Prince. On vera dans la Preface de celuy du 26. Fevrier 1620. de quelle maniere il ſe plaint de l'opiniâtre rebellion des plus notables du Royaume aſſemblez à Loudun.

On peut voir encor l'Edit du 27. May donné à Niort l'année ſuivante, où ce grand Prince dit que *les calamitez que la levée des armes aporte ordinairement aux peuples, l'ont fait ſoufrir & tollerer avec beaucoup de patiance pendant pluſieurs mois, les excez, deſobeïſſances & rebellions qui ont eſté commiſes en pluſieurs villes par ſes ſubjets de la R. P. R. ſpecialement dans celles de la Rochelle & de Montauban, où ils tiennent*, dit-il, *encor des aſſemblees, qui ſont plutot employées à former des Etats populaires & Republiques qu'à ſe conſerver dans l'obeiſſance à laquelle ils nous ſont naturellement obligez. Ayant méme fait graver vn ſceau ſous lequel & & ſous les ſignatures des principaux deſdites aſſemblées, ils ont laché diverſes Ordonnances, Decrets, Mandements & Commiſſions portant pouvoir à des particuliers de commander aux Provinces & Villes, lever deniers de nos receptes & de nos finances, faire levées d'hommes, d'armes & d'argent, fondre canon, & envoyer aux Royaumes étrangers & autres ſemblables actions qui ſont aſſez paroiſtre leur rebellion, &c.* Ces termes ſont ſi precis, qu'ils n'ont pas beſoin de commentaire pour juſtifier le contraire de la pretention de ces Meſſieurs.

En vn mot, la levée du ſiege de Montauban, l'opiniaſtre reſiſtance des villes de la Rochelle, de Montpelier, de Privas & de tant d'autres que ce grand Prince fut obligé de ſoûmettre à ſon obeïſſance par la force de ſes armes ſeront des preuves convaincantes & des monuments eternels à la poſterité que ces Meſſieurs *ont eu le malheur de ſe rendre indignes de ces conceſſions.*

L'on pourroit de méme les faire reſouvenir de la deliberation qui fut priſe dans leur Sinode Provincial tenu dans les Sevenes en l'année 1663. où il fut ordonné *que les Miniſtres preſcheroient en pluſieur lieux, nonobſtant les deffenſes qui en avoient eſté faites, qu'on fairoit vn jeûne general pour deſtourner la perſecution, & qu'on fairoit preſter vn nouveau ſerment au peuple de vivre dans la*

Religion.

Religion. Qui sont des choses qui tendent à sedition & qui sont contraires à l'authorité du Roy.

On peut encore rapeller dans leur memoire la deliberation qui fut prise dans le Consistoire de Bergerac, en suite de la resolution qui avoit été prise dans le Sinode provincial tenu à Nerac, où dans le tems que Sa Majesté se disposoit de porter ses armes dans la Hollande, il fut conclud *qu'on prescheroit sur les rüines de tous les Temples qui avoient été desmolis*, en vertu des Arrests du Conseil d'Estat, *quelles deffenses qu'il y eut au contraire.* Ce qui fut executé bientot apres, *avec emotion populaire, attroupement, & port d'armes dans la Province de Guienne*, comme il paroit par le Iugement souverain rendu avec le Presidial de Libourne par Monsieur d'Aguesseau le 22. iour de Iuin 1672. qui condemna plusieurs Ministres au banissement, & à faire amande honnorable la corde au coû, & quantité d'Anciens à de grandes amandes ; ce qui fut executé le méme iour devant la grande porte de l'Eglise de Libourne.

Elle fut trouvée dans le Livre du Consistoire par le Lieutenant Criminel de Sarlat, Commissaire à ce deputé par M. d'Aguesseau le 3. May 1672.

Voyez ce Iugemẽt dans le Recueil des Arrests de la derniere Agence, p. 173 imprimé chez Leonard.

Il est vray que ces Messieurs veülent que le Roy leur tienne compte du *zele & de la fidelité qu'ils firent paroistre pour le service de Sa Majesté dans les tems*, disent-ils, *les plus difficiles.* Mais ils veulent peut-être nous faire resouvenir par là, qu'ils sont semblables à ceux qui étant accoutumez à causer des troubles & des divisions dans vn Estat, croyent toûjours faire beaucoup de bien, lors qu'ils ne font point de mal.

A quoy ils adjoûtent, comme s'ils étoient les plus miserables qui soient au monde, que *sans remonter à ces tems éloignez combien leur condition presente est-elle differente de l'estat où ils étoient il n'y a que quelques années.* On connoit bien que ces Messieurs soûpirent encore apres *ces tems esloignez*, où ils étoient si redoutables; il est vray que nous ne sommes plus au tems des entreprises d'Amboise & de Meaux, ny de ces autres où ils faisoient venir les Anglois & les Reistres à leur secours, pour saccager toutes nos Provinces, renverser & piller nos Eglises, surprendre les villes les plus importantes, donner des batailles à la veüe méme de Paris & de leur Roy, & qui n'avoient pas honte de proposer au Roy Charles IX. de se desarmer le premier s'il vouloit avoir la Paix avec eux, & de renvoyer pour cet effet les six mil Suisses qu'il avoit fait venir pour la seureté de sa persõne & de son Estat.

Batille de S. Denis 1567.

Henry III. s'en plaint dans l'instruction qu'il donna à M. de Chanvalon l'aisné, envoyé à Messieurs de Roüen, Laval & de Moruy, & proteste dans la Declaration qu'il dõna aux Estats de Blois en 1576. qu'il avoit esté forcé a donner le dernier Edit de Pacificatiõ.

Nous ne sommes plus enfin dans *ces tems esloignez* où il fal'oit donner à ces Messieurs des places de seureté, où nos Roys étoient *forcez* de leur accorder les Edits de la maniere qu'ils les demandoient, *& de ceder à la necessité pour leur faire poser les armes, & renvoyer les Reyters* qui ravageoient le Royaume. Nous vivons, graces à Dieu, sous vn Regne plus heureux, où nostre grand Monarque sçait se faire obeïr & contenir ses sujets dans leur devoir, dans le méme tems qu'il sçait dompter les ennemis de son Etat, & dõner la Paix a l'Europe. Doivent-ils donc s'estonner si à present qu'on ne les craint plus, on leur oste quelque chose de ce que la necessité de *ces tems esloignez* leur avoit fait accorder pour faire cesser les troubles qu'ils avoient causez dans le Royaume pendant tant d'années?

Ils peuvent compter, disent-ils, *jusqu'à trois cents Temples qu'on leur a fait desmolir en moins de dix ans, quelques-vns même qui étoient expressement nommez dans l'Edit de Nantes, ou compris dans la disposition formele du même Edit*. Cela est bientot dit, mais la preuve en seroit difficile, car on leur met en fait que depuis dix ans il n'en a pas été demoly quarante; mais quand cela seroit, ces Messieurs nous fairont plaisir de nous citer vn exercice qui ait été interdit contre la disposition formele de l'Edit. Il s'en pourra trouver peut-estre quelques-vns qui ne devant pas estre dans les villes ont estez transferez dans les fauxbourgs; mais ce n'est pas contrevenir à l'Edit, au contraire c'est l'executer.

La maniere avec laquelle ces Messieurs ont conceu cette plainte, marque que quand selon eux, on auroit demoly quelque Temple qui auroit été, comme ils disent, dans la disposition formele de l'Edit (ce qu'on n'avoüe pas) ils demeurent au moins d'accord que les autres n'estoient pas aux termes de l'Edit, & que mal à propos ils avoient profité des troubles & des malheurs de l'Estat, pour les établir contre la disposition formele des Edits. Et puisque ces Messieurs ne pouvoient pas ignorer qu'ils ne fussent coupables de ces infractions, qui les obligea de deliberer dans leur Sinode national qu'ils demanderoient au Roy des Commissaires pour informer des contraventions faites à l'Edit de Nantes, par les Catholiques, ce fut vn coup de leur aveuglement, puis qu'on ne leur demandoit rien, & qu'on les laissoit joüir paisiblement de leurs vsurpations.

On leur accorda donc des Commissaires en chaque Province, l'vn Catholique & l'autre de leur Religion, pour informer des pretenduës contraventions dont ils se plaignoient; & l'evenement a fait voir que ceux qui s'estoient plains étoient les coupables; & que depuis l'Edit de Nantes ils avoient tellement profité des troubles & des divisions de l'Estat, qu'ils avoient étably des Temples presque dans tous les villages, ou converty la plupart des exercices personels, en des exercices réels & de possession; n'estoit-il donc pas juste de remetre les choses dans leur premier estat, & de faire demolir cette grande quantité de Temples qu'ils avoient edifiez dans les Sevenes & dans les autres Provinces au prejudice des Edit?

La plainte qu'ils font contre les Commissaires Catholiques qui *leur font*, disent-ils, *souvent des partages, & qui prononcent des Jugements sans la jonction de ceux de leur Religion*, n'est pas mieux fondée que la precedente, car si quelqu'vn a lieu de se plaindre en cette rencontre, ce sont les Catholiques, puisque c'est vn fait de notorieté publique que les Commissaires de leur Religion ont fait partage sur toutes choses, & méme sur celles qui estoient les plus claires & qui ne recevoient aucune difficulté, fondez sur cette maxime de leur politique, que c'est le pis qu'il leur puisse arriver que d'estre condemnez au Conseil, parce qu'ils joüissent cependant de leurs vsurpations; & s'il est quelque fois arrivé aux Commissaires Catholiques de proceder à l'instruction de ces infractions sans la jonction des Commissaires de ladite Religion, on ne doit pas croire sans preuve qu'ils ayent rendu des Jugements sans leur participation.

Ces Messieurs auroient pû de méme se dispenser de metre au nombre de leurs plaintes les peines que le Roy a ordonné contre les relaps & ceux qui jusqu'à present n'ont rien oublié pour suborner les Catholiques qui estoient à leur service. Le Fils aîné de l'Eglise n'est-il pas en droit d'empescher que ceux qui se font Catholiques se mocquent de Dieu & de sa Religion; & ne sçait-on pas que dés que ces Messieurs avoient vn valet ou vne servante Catholique, ils ne manquoient pas de profiter de la pauvreté ou de la foiblesse de plusieurs pour les pervertir, en les mariant avec des personnes de leur Religion?

Ils devoient se plaindre en méme tems pour les Catholiques à qui Sa Majesté a osté depuis peu la liberté de se faire de leur Religion, pour remedier à tous ces desordres, en disant que cette

Declaration

Declaration blesse la liberté de conscieece accordée par les Edits; mais ils ont bien prevû qu'on leur respondroit que cette liberté ne regarde que ceux qui l'ont demandée les armes à la main, & qu'il est si peu vray que les Catholiques se soient jamais avisez de la demander, qu'ils ont au contraire donné plusieurs batailles & répendu beaucoup de sang pour empescher qu'elle ne fut accordée à ces Messieurs; delà vient que les Parlements n'ont verifié les Edits qui leur ont accordé cette liberté qu'apres plusieurs Lettres de Iussion, & qu'ils ont souvent adjoûté ces mots dans leurs Arrests d'enregistrement, *vrgente necessité*; *absque tamen aprobatione noua Religionis*; ou ces autres *per modum prouisionis*. Et ces Messieurs n'ignorent pas les grandes difficultez que le Parlement de Paris fit, lors qu'il fut question de verifier l'Edit de Nantes, & le discours pressant que Henry le Grand fut obligé de faire aux principaux Officiers qu'il avoit fait venir pour cela.

L'incorporation des Chambres de l'Edit ne devoit pas estre mise au nombre de leurs plaintes, puis qu'ils sont obligez d'avoüer que Henry IV. s'estoit reserve de les incorporer dans les Parlements *lors que les causes qui l'avoient meu à les établir auroient cessé*. Car qui ne sçait que par la grace de Dieu elles ont cessé il y a longtems, & que ces Chambres ne servoient plus qu'à causer mille procez au Conseil qui rüinoient les subjets du Roy sans necessité ?

Ils veulent encore qu'on leur fasse vne grande injustice de leur donner quelquefois des Commissaires Catholiques pour assister à leurs Sinodes, afin d'empescher qu'ils n'y traitent, comme il est arrivé, de leurs affaires politiques; & ils ne font pas de difficulté d'avancer hardiment que *cela est entierement opposé à la disposition des Edits, à la Declaration de Louis XIII. de l'an 1623. & à l'vsage toûjours observé, & cela*, disent-ils, *sous des pretextes contraires à l'honneur des Supplians, & à la fidelité qu'ils ont toûjours euë au service de Sa Majesté*.

Il n'est rien de plus facile que d'avancer des propositions, mais il n'en est pas de méme lors qu'il s'agit de les prouver. Où trouveront ces Messieurs que cette Disposition soit contraire à celle des Edits ? il faut les ignorer, ou du moins en faire le semblant, pour parler de cette maniere. L'Edit de Ianvier donné à S. Germain en l'année 1561. dit formelement *que ceux de la nou-*

velle Religion ne fassent aucuns Sinodes ny Consistoires, si ce n'est en presence de l'vn de nos Officiers. Et la Declaration donnée au mois de Fevrier suivant en interpretation de cet Edit veut *que si lesdits Sinodes sont de toute la Province, ils ne se pourront faire qu'en presence du Gouverneur ou Lieutenant general de la Province, ou autres par eux commis; & si ladite assemblée est particuliere* (comme sont les Colloques & Consistoires) *en presence de l'vn des Officiers Magistrats qui sera esleu & deputé par le Gouverneur ou Lieutenant general.* Ie voudrois bien demander à ces Messieurs qui avancent les choses avec tant d'assurance, si ces *Gouverneurs, Lieutenans generaux & Officiers Magistrats* devoient estre de leur Religion; & si Burie & Monluc, Lieutenans generaux pour Sa Majesté dans la Province de Guienne, se seroient avisez de nommer vn Huguenot pour assister à leurs Sinodes de la part de Charles IX. pour empescher qu'ils n'y traitassent rien contre la tranquilité de l'Estat.

L'Edit donné au mois de May de l'année 1576. porte encor la méme disposition, lors qu'il dit, *qu'ils pourront tenir Consistoires & Synodes tant provinciaux que generaux, apellez,* dit Henry III. *nos Officiers ès lieux où lesdits Synodes seront convoquez; Enjoignons à nosdits Officiers d'y assister, ou à aucuns d'eux.* Cela dit-il encor, qu'ils seront de la Religion de ces Messieurs?

Or cette disposition n'a point esté changée par l'Edit du mois de Septembre de l'année suivante, ny encor moins par celuy de Nantes, qui a laissé les choses dans l'estat que ces premiers les avoient mises; Comment peuvent-ils donc dire si hautement que la Declaration du Roy *est entierement oposée à la disposition des Edits?* Voyons maintenant quels sont les avantages qu'ils peuvent tirer de la Declaration de 1623. & de ce pretendu *vsage toûjours observé*

Art. 34. des Particuliers.

Surquoy il faut remarquer qu'encore bien qu'il fut expressement deffendu à ces Messieurs par tous ces Edits de tenir aucuns Sinodes qu'en presence de l'vn des Officiers du Roy, & d'y traiter d'aucunes affaires politiques; ils estoient neantmoins en possession pendant les Troubles, qu'ils avoient eux méme causé dans l'Estat, de n'observer que ce qu'ils jugeoient à propos; en sorte qu'ils avoient non-seulement tenu leurs Sinodes sans aucun Officier nommé par Sa Majesté; mais ils avoient méme pris cett esainte liberté d'y recevoir toute sorte de personnes, & & d'y decider de leurs affaires politiques ; de maniere qu'au lieu d'y regler seulement les choses qui concernoient la discipline de leurs pretendües Eglises, ils prenoient souvent des resolutions contraires à la tranquilité du Royaume.

Voyez cet Edit.

C'est ce qui obligea Louis XIII. de triomphante memoire, de remedier à ce desordre autant que la malice du tems le pouvoit permettre, par son Edit donné à Fontainebleau le 17. iour d'Avril 1623. qui leur deffendit de nouveau de tenir aucunes assemblées concernant la discipline de leurs Eglises, qu'en presence d'vn Officier nommé par Sa Majesté , ou par les Gouverneurs ou Lieutenans generaux des Provinces ; afin d'empescher qu'ils n'y traitassent d'aucunes affaires politiques contraires à la tranquilité de l'Estat. Mais parce que le tems estoit mauvais, & que ces Messieurs possedoient encore quantité de places importantes qui les faisoit parler d'vn ton fort haut ; le Roy voulut bien pour ne pas les éfaroucher tout d'vn coup, permettre qu'on put prendre vn Officier de leur Religion pour assister de sa part à leurs Sinodes; mais cela, dit-il, qu'on n'en pourra prendre de Catholique lors qu'on le jugera expedient pour le bien du Royaume ? & ce grand Prince qui accorda cette grace au malheur du tems. Lia t'il tellement les mains à son successeur qu'il ne puisse changer cette disposition, lors qu'il aprendra, comme il a fait, que ces Commissaires estant de leur Religion, & engagez dans les mémes interests n'ont pas toûjours fait leur devoir ?

La plainte qu'ils font contre les Ecclesiastiques *qui vont*, disent-ils, *écouter leurs Ministres pour leur imputer ensuite ce qu'ils n'ont pas dit, & qui expliquent leurs termes en autre sens pour leur faire des procez criminels*, n'est pas plus judicieuse que les precedentes. Ces Messieurs devroient plutot se plaindre de l'emportement & de l'inprudence de leurs Ministres, & leur aprendre à estre plus circonspects lors qu'il est question de la conduite qu'on tient à leur égard Ils sçavent tres-bien que ce n'a pas esté sur des paroles équivoques que le Parlement de Guienne a condemné au bannissement les Ministres de Mussidan & de Xaintes; & Messieurs du Consistoire de Charanton se souvienent bien encor de la justice qu'ils firent eux-mémes l'année passée, d'vn Ministre qui avoit presché dans leur Temple avec trop d'emportement & de vehemence sur

ce

ce sujet; en cela bien plus politiqnes que ceux de Mussidan & de Xaintes, qui au lieu d'en faire de-méme ont donné lieu au Parlement de Guienne d'en faire la justice.

Jl me reste M. à examiner le grand tort que ces Messieurs pretendent que Sa Majesté leur a fait par la Declaration qui veut qu'il n'y ait que des personnes Catholiques qui puissent accoucher les femmes, *ce qui est*, disen-ils, *non seulement contraire à la disposition des Edits, mais encor aux principes de leur Religion, qui ne leur permet pas de croire que le Baptesme soit de necessité absoluë.* A quoy ils adjoutent, *qu'vn si grand Sacrement ne peut jamais en nul cas estre administré par des personnes Laïques, & que l'Ondoyement ne peut jamais tenir lieu de Baptesme.*

Je ne m'arresteray pas icy à leur justifier qu'il n'y a point de disposition particuliere pour cela dans l'Edit, & qu'elle n'est contenuë que dans les generales; il me suffit de faire remarquer à ces Messieurs, que si la delicatesse *de leur Religion ne leur permet pas de croire que le Baptesme soit de necessité absoluë*, IESVS-CHRIST leur permet au moins de croire que le Baptesme est tellement necessaire, que *celuy qui ne sera regeneré d'Eauë & d'esprit n'entrera jamais dans le Royaume des Cieux*; qu'ils peuvent croire avec David & avec S. Paul *qu'ils sont conceus & nais dans l'iniquité, & qu'ils naissent tous enfans d'ire comme les autres*; avec leur priere Ecclesiastique, *qu'ils sont conceus & nais en iniquité & corruption.* Et avec S. Iean, que *rien de soüillé n'entre dans la sainte Cité*; Et enfin, que les enfans venant à mourir avant l'âge de raison, n'ayant que le seul remede du Baptesme pour estre lavez & purifiez de leur corruption; ils peuvent croire sans aprehension de blesser *les principes de leur Religion*, que le Baptesme est absolument necessaire à ceux qui meurent avant d'estre en estat d'y supléer par d'autres actes. Car de nous respondre comme ils ont fait tant de fois, qu'ils seront sauvez par la foy de leurs parens fideles; & de citer pour apuyer leur erreur, le 7. chap. de la premiere Ep. de S. Paul aux Cor. c'est vne pretention chimerique, & abuser trop ouvertement des paroles de cet Apôtre, ainsi que ie justifierois d'vne maniere tres-évidente, si cette Lettre me permetoit de traiter icy cette controverse à fond.

Iean 3.
Pseaume 50.
Ephes. 2.
Apoc. 21.

Jls ne sont pas mieux fondez lors qu'ils disent *que le Baptesme ne peut iamais en nul cas estre administre par des personnes Laiques, &*

& que l'Ondoyement ne peut iamais tenir lieu de Baptesme. Je sçay bien que cette doctrine s'accorde tres-bien avec celle qui est contenuë dans l'art.1. du chap.XI. de leur discipline, qui porte que *le Baptesme administré par celuy qui n'a point de vocation est du tout nul.* Mais je vous avouë Monsieur de bonne foy que je ne sçay comment ces Messieurs l'accordent avec ce qu'ils disent dans l'art. 28. de leur Confession de Foy, où leurs Ministres confessent que *la substance du Baptesme est demeurée dans la Papauté, que l'eficare & vertu du Baptesme ne déped point de celuy qui l'administre*, & c'est pour cela qu'ils concluent *que ceux qui y sont baptisez n'ont point besoin d'vn second Baptesme*; Car à qui nous en devons nous raporter, sera-ce à ces Messieurs qui disent avec leur discipline, que le Baptesme administré par vn Laïque qui n'a point de mission, est nul, ou bien à leur Confession de Foy qui soutient au contraire, *que le Baptesme de la Papauté est bon, & que son eficace & sa vertu ne dépend point de celuy qui l'administre.* Il faut donc qu'ils renoncent à leur Confession de Foy, ou qu'ils demeurent d'accord que nos Ondoyemens sont bons, & que des personnes sans mission peuvent baptiser dans la necessité, puisque d'vn costé ils avouent *que la vertu & l'eficace du Baptesme ne dépend point de celuy qui l'administre*; & que d'ailleurs leur pratique nous aprend qu'ils ne rebaptisent pas ceux qui ont esté baptisez & ondoyez par des Laïques.

Je sçay bien que cette doctrine ne s'accorde pas avec ce que je viens de remarquer de leur discipline; mais aussi je ne me suis pas engagé de justifier que l'heresie ne se contredit jamais.

Mais quelle certitude ces Messieurs peuvent ils avoir qu'ils ayent esté valablement baptisez, s'il faut absolument estre Paster & avoir mission pour baptiser. Car d'où auoit tiré sa vocation Pierre le Clerc Cardeur de laine de son mestier, qui fut esleu premier Ministre de Meaux en l'année 1546. par 40. ou 50. Cardeurs, Foulons ou Tisserans? d'où avoit encore tiré sa mission le Masson, dit la Riviere, de la ville d'Angers, qui fut pareillement fait le premier Ministre de Paris, en l'année 1555. par quelques personnes Laïques au Pré aux Clercs, pour baptiser l'enfant nouveau né du nommé la Ferriere, chez lequel ce pretendu Ministre fut esleu? qui avoit enfin donné la vocation à la pluspart des autres Ministres qui furent de même faits par les peuples sans aucune ordination, & qui de leur authorité privée s'ingeroient eux-méme dans le ministere? Nous avons vne

Hist. des Martirs. L.4 p.183.

Theod. de Beze Hist. Eccl. to.1. p.49. & 97.

vne preuve authentique de cette verité dans les obſervations qui furent envoyées à toutes les pretenduës Egliſes de France, ſur l'Edit de Ianvier, par les Miniſtres & autres Deputez qui eſtoient en Cour, où ils ſe plaignoient ſur l'art. 13. de cet Edit, des deſordres que cauſoient *ces coureurs qui ſe fouroient dans les Troupeaux ſans legitime vocation.* Si ces premiers Miniſtres n'ont jamais eu de legitime vocation, & n'ont jamais eſté veritablement Paſteurs, ont ils pû baptiſer & donner la miſſion à ceux qui les ont ſuivis? ont-ils pû leur transferer vn pouvoir qu'ils n'avoient pas eux mémes? Il faut donc que ces Meſſieurs renoncent à leurs principes, ou qu'ils demeurent d'accord que la pluſpart d'entr'eux n'ont iamais eſté valablement baptiſez.

Le Titre porte *Declaration faite par les Miniſtres & Deputez des Egliſes de France étants en Cour, pour ſervir d'avis & de conſeil auſd. Egliſes, ſur l'execution de l'Edit du 17. Ianv.* 1561. datée de S. Germain au mois de Fevrier ſuivant.

Dans l'ancienne Loy, les enfans n'eſtoient pas portez dans le Temple pour eſtre circoncis, c'eſtoient les parens qui faiſoient cette fonction, & quoy que pour l'Ordinaire la Circonciſion ne fut pas adminiſtrée par les femmes; l'Eſcriture Sainte nous aprend neantmoins en pluſieurs endroits, qu'elles l'ont fait quelque fois, & que l'Ange qui voulut faire mourir Moïſe faute d'avoir circoncis ſon fils fut apaiſé lors que Sephora eut pris le couteau, & qu'elle eut fait cette fonction, pour ſauver la vie à ſon mary. Les enfans des Chreſtiens ne ſont faits enfans de Dieu & n'ont droit de participer à ſon heritage que par le Bapteſme; faudra-t-il donc ſous pretexte qu'il ne ſe trouve point de Miniſtre; que ce n'eſt pas vn iour de preſche, ou que l'Egliſe n'eſt point aſſemblée, riſquer le ſalut de cet enfant, & laiſſer ainſi cruellement *perir celuy pour lequel Chriſt eſt mort?* Philipe l'vn des ſept Diacres, attendit-il l'arrivée *de Pierre & de Iean*, pour baptiſer les Samaritains qui avoient crû à ſa predication? attendit-il d'eſtre dans vn Temple ou que l'Egliſe fut aſſemblée lors qu'il baptiſa l'Eunuque de la Reyne de Candace, dans vne campagne en paſſant vn ruiſſeau? & ſi les Diacres de ces Meſſieurs ſont les veritables ſucceſſeurs de ces anciens Diacres ordonnez par les Apôtres; d'où vient qu'ils ne baptiſent pas, & qu'ils ne ſupleent pas au moins au defaut de leurs Miniſtres dans l'extréme neceſſité? les bornes que ie me ſuis preſcrites, ne me permetent pas de raporter icy les teſmoignages des Peres de l'ancienne Egliſe, qui bien loin d'avoir douté qu'vn Laique pût baptiſer dans la neceſſité, ont méme mis en queſ-

Exod. 4. v. 25. 2. Machab. c. 6. v. 10.

1. Cor. c. 8. v. 11.

Actes c. 8.

l.5.de Rep. Eccl. c.12. tion, si vn infidele pourroit le faire, ainsi que la remarqué Marc Anthoine da Dominis.

Il est enfin ridicule de conter parmi les pretenduës rigueurs qu'on exerce contre ces Messieurs, le zele & le soin charitable que Sa Majesté prend de faire prendre pour le salut de leurs enfans vne precaution, qui selon leurs propres principes ne peut passer que pour vne action inutile.

Voilà Monsieur les reflexions que j'ay crû devoir faire sur cette Requeste, qui par vne entreprise fort extraordinaire, ces Messieurs ne se sont pas contentez de la faire vendre & distribuer à Charanton, l'ont faite crier & distribuer publiquement dans toutes les rües de Paris. Ie sçay bien que n'ayant jamais manqué de politique dans le besoin, ils voudroient s'en excuser, en disant qu'on l'a fait sans leur ordre, comme si on leur avoit arraché cette Requeste avec violence d'entre les mains, pour la faire imprimer. On sçait encore qu'apres avoir jetté la pierre, ils ont esté aux Magistrats pour l'arrester lors qu'il n'estoit plus tems; mais qui ne voit que c'est vn effet de leur adresse pour se mettre à couvert de leur attentat. C'est,

MONSIEVR,

Vostre tres-humble & tres-obeïssant
Serviteur, R. F. G.

A Paris le 10. Aoust 1680.

www.ingramcontent.com/pod-product-compliance
Lightning Source LLC
LaVergne TN
LVHW052041160826
845678LV00003B/1471

* 9 7 8 2 3 2 9 6 3 3 5 5 8 *